BRILLER À *Nouveau*

UN GUIDE POUR SURMONTER LES DIFFICULTÉS ET ÊTRE PLUS FORTE CHAQUE JOUR

NINA MADSEN

Special Art Development

Briller à nouveau

Un guide pour surmonter les difficultés et être plus forte chaque jour

Nina Madsen

Paperback ISBN: 979-12-5553-020-6

support@specialartbooks.com
www.specialartbooks.com

Contenu

Introduction

La résilience est un terme qui a été popularisé il y a quelques années. Il s'agit de la capacité à se remettre de ses difficultés. Mais comment la développer dans notre vie ? En général, on nous dit que pour avoir une bonne et belle vie, il faut être gentille, travailler dur et rencontrer quelqu'un qui nous aime.

Mais on ne nous apprend pas à développer la résilience. L'apprentissage à développer cette aptitude à puiser dans notre force intérieure est souvent négligé. En fait, nous avons toutes le courage et la capacité de surmonter les moments difficiles et d'en sortir plus fortes qu'avant.

Vous serez confrontée à de nombreuses batailles dans votre vie, telles que des disputes, la mort d'un proche, un licenciement, des problèmes financiers ou même un divorce. Chacune de nous a ses fardeaux à porter tout au long de sa vie. Avoir de la résilience et savoir la mettre en pratique peut vraiment faire la différence.

Soyez-en sûre ! Ce potentiel est déjà en vous et il vous suffit de découvrir comment le développer au mieux. Dans ce livre, je veux vous montrer comment vous pouvez cultiver votre résilience par l'amour de soi et la concentration, en développant votre courage, votre force et votre détermination.

Renforcez votre potentialité à surmonter les difficultés en prenant soin de votre générosité, de votre enthousiasme, de votre vérité, de votre volonté de grandir et, surtout, de votre force.

Même si des proches nous soutiennent dans la vie quotidienne, nous devons être capables de compter sur nous-mêmes. C'est nous qui devons surmonter les moments difficiles, personne d'autre ne peut le faire à notre place.

Prenez vos responsabilités et soyez fière de vous. Ne laissez pas les moments difficiles prendre le dessus. Cette résilience vous permet de prendre le contrôle de votre vie et d'en apprécier le positif.

Première partie : Aimez votre générosité

Chapitre 1

Cultivez la conscience

> La clé de tout est d'être amoureux
> de soi-même et de partager cet amour avec quelqu'un qui vous apprécie, plutôt que de chercher l'amour pour combler un manque d'estime de soi.
>
> — *Eartha Kitt*

Aujourd'hui, nous ne pouvons pas facilement nous passer de la technologie, notamment des médias sociaux.

Nos téléphones sont presque devenus un appendice de notre corps et ils sont de plus en plus indispensables au travail. Dans certaines entreprises, il existe des emplois exclusivement consacrés au développement des médias sociaux. Mais s'offrir une pause dans la technologie est peut-être la meilleure chose à faire pour sortir d'une période difficile.

Les médias sociaux ont provoqué une épidémie dont nous n'avons pas vraiment conscience. Nous faisons glisser notre doigt sur l'écran et nous regardons tant de contenu, sans même réfléchir. Ces relations numériques nous plongent dans un étrange brouillard. Pour certaines d'entre vous, cela peut être relaxant, comme regarder la télévision, précisément parce que c'est un moment sans stress et sans pensées.

Mais faire trop d'activités sans réfléchir peut conduire à une sorte d'état dépressif. Notre esprit n'étant pas engagé, nous perdons de vue le présent, puis, lorsque les temps difficiles arrivent, nous risquons de nous noyer dans un verre d'eau. Si vous prenez de bonnes habitudes avec vos appareils, vous pouvez également adopter la pleine conscience dans d'autres domaines de votre vie.

METTEZ CELA EN PRATIQUE

L'utilisation des médias sociaux présente certainement des avantages, mais faire défiler sans fin des contenus variés peut aussi nous perdre. C'est une activité qui ne nécessite aucune réflexion sur ce que l'on fait et qui ne donne aucune énergie. Plutôt que d'utiliser les médias sociaux sans réfléchir, essayez de changer votre relation avec votre téléphone et vos autres appareils. Adoptez ce que l'on appelle la pleine conscience.

Recherchez des applications qui vous permettent de prendre conscience du temps que vous passez sur un écran. Une fois que vous avez dépassé le temps que vous aviez prévu d'y consacrer, trouvez d'autres moyens de vous divertir. Lisez un livre, asseyez-vous tranquillement sur le canapé, allez vous promener, rendez visite à un ami.

Comprenez que le temps libre peut être précieux et non pas quelque chose à consommer.

Lorsque vous recommencez à utiliser votre appareil, réfléchissez à ce que vous regardez et pourquoi. Trouvez cinq ou six comptes sur les médias sociaux qui vous inspirent vraiment. Recherchez des artistes, des écrivains ou peut-être même une méditation guidée. Rendez plus fructueux le temps que vous passez devant un écran.

Exercice créatif

Dessinez un cadre extérieur paisible, par exemple une chaise longue au bord de la mer ou un banc au bord d'un beau lac. Tout en dessinant, rappelez-vous que la tranquillité et la nature sont à portée de main si vous vivez en pleine conscience.

Conclusion

Commencez à faire attention au temps dont vous disposez, à ce que vous voyez et à ce que vous pensez. De cette façon, vous pourrez mieux profiter du moment présent et vous ne vous occuperez pas simplement pour éviter de penser. Profitez du moment présent et renforcez votre résilience pour devenir plus forte que jamais.

Chapitre 2

Apprendre à aimer sa solitude

> Ne baissez jamais la tête.
> Gardez-là toujours bien haute.
> — *Helen Keller*

Le chemin vers l'amour de soi peut être long. S'il est parfois facile de pardonner aux autres leurs erreurs, il est souvent extrêmement difficile de se pardonner à soi-même ou de s'accorder une pause. Passer du temps seule peut vous aider à renforcer votre estime de soi et votre capacité à être plus indulgente envers vous-même.

Si vous n'aimez pas être seule, vous devez comprendre pourquoi. Qu'est-ce qui vous empêche de prendre le temps de profiter d'un moment paisible ? Est-ce une question de manque de temps ou bien y a-t-il quelque chose de plus profond qui vous empêche de trouver le calme souhaité ?

Profiter d'un espace à soi peut avoir différentes significations selon les personnes, mais cela devrait toujours être une occasion de se sentir en sécurité et de faire quelque chose qui plaît.

METTEZ CELA EN PRATIQUE

Une chose que je recommande est de vous créer un espace, dans la maison, qui sera exclusivement le vôtre. Peut-être un bureau, un coin pour la lecture, ou même simplement une chaise bien à vous ou un fauteuil. Ce que vous décidez de faire dans cet espace vous appartient. Ce peut être un endroit où vous vous réfugiez pour être seule, pour analyser vos pensées sans les juger ou pour faire quelque chose qui vous rend heureuse.

En outre, il est important de trouver le temps de passer des moments seule hors de la maison. Faites une activité que vous aimez, allez voir un film ou offrez-vous un bon massage dans un spa.

Exercice créatif

Dessinez une image de vous, heureuse et calme, assise dans un fauteuil confortable en train de réfléchir. Le temps que vous passez avec vous-même ne doit pas vous stresser, mais être plutôt un moment d'évasion.

Revenez à votre dessin lorsque vous doutez de l'opportunité de passer du temps seule.

Conclusion

S'aimer soi-même exige de passer du temps seule. Plus vous vous trouverez de moments à passer avec vous-même, plus vous serez en mesure de les apprécier et d'en tirer profit. De plus, en développant la confiance et l'amour de soi, grâce à cette solitude, vous développerez également votre résilience.

Chapitre 3

Développez votre courage

> Faites chaque jour une chose
> qui vous effraie.
>
> — *Eleanor Roosevelt*

Beaucoup de personnes pensent qu'avoir du courage signifie simplement ne pas avoir peur. Nous lisons des récits d'aventures et regardons des films passionnants, dans lesquels les personnages principaux sont toujours extrêmement courageux. Ils ne semblent pas avoir peur lorsqu'ils combattent un ennemi ou explorent un lieu mystérieux. Ainsi, nous nous retrouvons souvent à dire… « Oh, je ne pourrais jamais faire ça. J'aurais trop peur ! » Mais le courage, ce n'est pas exactement cela.

Le courage, c'est de décider de faire quelque chose même si cela vous effraie. Vous aurez peut-être peur, mais faire ce pas et affronter ce qui vous intimide peut vraiment vous aider à grandir en tant que personne.

La peur ne doit pas nous contrôler, et nous pouvons, malgré elle, atteindre nos objectifs et progresser. Surmonter la peur est précisément ce qui construit la résilience. Si nous cédons toujours à nos peurs et les laissons nous éloigner de nos objectifs, nous nous habituons à nous cacher. Ainsi, lorsque les difficultés arrivent, nous fuyons et sommes incapables de les affronter.

Plus vous vous exercerez à surmonter vos peurs et à faire ce qui vous effraie, plus vous vous sentirez forte face aux obstacles. Vous serez puissante et résiliente.

METTEZ CELA EN PRATIQUE

Faites des paroles d'Eleanor Roosevelt votre mantra. Faites chaque jour quelque chose qui vous effraie. Cela doit devenir une habitude, tout comme manger des fruits et des légumes chaque jour. Sortez votre journal intime et commencez à énumérer les choses qui vous font peur, et surtout celles que vous aimeriez pourtant faire. Si vous êtes en manque d'idées, voici quelques suggestions dans la liste ci-dessous.

Vous avez peur de :

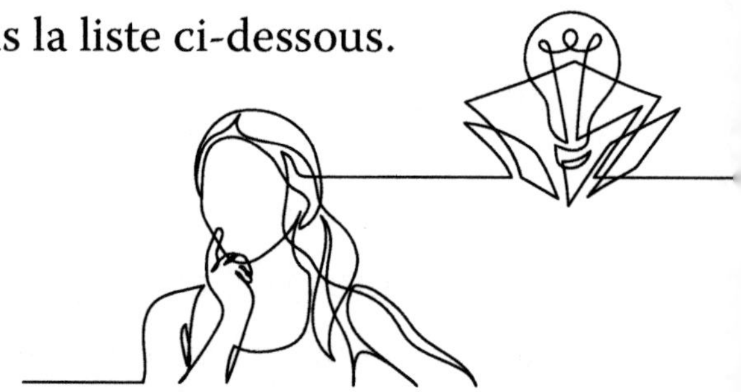

- L'escalade ?
- Parler en public ?
- Rencontrer de nouvelles personnes ?
- Demander une promotion au travail ?
- D'être invitée à sortir ?

Notez tout ce qui vous vient à l'esprit, puis analysez votre liste. Quelle est la pire chose qui pourrait arriver si vous affrontez cette peur ? Écrivez ce qui pourrait se passer si vous vous approchez d'un inconnu, par exemple.

....

....

....

....

....

Une fois que vous avez identifié les pires scénarios, parlez à quelqu'un qui a déjà été confronté à une situation similaire. Demandez-lui de raconter son expérience et ce qu'il ou elle en a appris.

Ensuite, choisissez une de vos peurs et mettez-la à l'épreuve. Donnez-vous la permission d'échouer, partiellement ou totalement, ce qui peut arriver. Souvenez-vous de ce que l'autre personne a dit sur ce qu'elle a appris, en travaillant sur ses peurs.

Exercice créatif

Dessinez une image de quelque chose qui vous effraie. Peut-être le sommet d'une montagne, une personne prenant la parole en public ou une scène de courage. Imaginez-vous dans ce lieu et ces circonstances alors que vous dessinez. Rappelez-vous que la peur est naturelle et ne doit pas être un obstacle.

Conclusion

L'idée de faire quelque chose qui vous effraie peut sembler peu attrayante au départ, mais vous serez surprise de découvrir à quel point vous y prendrez plaisir. Si ce n'est pas le cas, vous aurez, dans tous les cas, appris quelque chose. Adieu la peur, bonjour la résilience !

Chapitre 4

Offrez-vous un cadeau

> Prendre soin de soi est le moyen de reprendre le pouvoir.
>
> — *Lalah Delia*

Chaque année, à Noël, nous offrons des cadeaux aux personnes qui nous sont les plus chères, mais jamais, ou rarement, à nous-même.

Pourquoi avons-nous tendance à nous négliger ?

N'en faites pas trop, respectez votre budget et soyez réaliste, mais rappelez-vous qu'il y a beaucoup à gagner en commençant à vous faire des cadeaux ! C'est une façon de vous rappeler que même si le monde est parfois cruel, vous méritez quand même l'amour, le respect et l'attention.

Vous méritez un cadeau et vous avez juste besoin de l'entendre. Alors, pourquoi ne pas vous le dire à vous-même !

Mettez cela en pratique

Pensez à quelque chose qui vous plaît et que vous seriez heureuse de recevoir en cadeau. J'encourage souvent les femmes à envisager une journée au spa. Ce n'est pas seulement un moment consacré à vous faire plaisir, mais aussi une expérience relaxante qui permet de vous concentrer sur vous et votre bien-être. Vous pouvez également acheter une carte-cadeau donnant un accès au spa, que vous pourrez utiliser à l'avenir. Ainsi, quand le moment vous conviendra, vous pourrez choisir en toute tranquillité de consacrer une journée à la pure détente.

Commencez à accumuler des cartes-cadeaux ici et là pour les jours de pluie où vous avez vraiment besoin de vous faire plaisir. Mettez-les de côté, et voilà ! Vous aurez un petit pécule pour vous toute seule !

Vous n'avez pas besoin d'une excuse pour vous offrir un cadeau. Vous pouvez utiliser ces petits cadeaux comme une récompense pour avoir atteint vos objectifs. Par exemple, si vous êtes sortie de votre zone de confort et avez essayé quelque chose qui vous effrayait auparavant ! Bien joué vous direz-vous à vous-même !

Exercice créatif

Dessinez un objet que vous aimeriez recevoir en cadeau. Allez au-delà des choses matérielles et pensez à une chose qui a un sens pour vous ou à laquelle vous aspirez. La photographie artistique pourrait devenir un objectif à atteindre à mesure que vous vous habituerez à vous faire des cadeaux.

Conclusion

Ne vous oubliez pas lorsque vous achetez vos cadeaux de Noël, chaque année. Non pas que vous deviez absolument vous offrir un cadeau, mais commencez à vous considérer comme une personne digne de cadeaux et d'attention. Les cadeaux sont un beau langage d'amour et lorsque vous vous en offrez, c'est une façon de vous dire… « Hé, toi aussi, tu comptes ! »

Deuxième partie : Aimez votre enthousiasme

Chapitre 5

Accordez-vous du repos

> Prendre soin de soi n'est pas de la complaisance, c'est de l'autopréservation.
>
> — *Audre Lorde*

Ah, le repos ! Un mot qui évoque tout de suite le fait de laisser aller, d'être complètement détendue. Les animaux, tout comme les humains, consacrent une partie de leur temps à leurs activités et une autre au repos. Cependant, avec le temps, nous, les humains, avons commencé à nous concentrer davantage sur le travail, en négligeant les phases de relaxation. De plus en plus de personnes souffrent d'insomnie, de fatigue et connaissent une surcharge d'activité.

Désormais, se reposer semble être devenu un luxe et, pour certains, cela peut même sembler égoïste. Le sommeil est une nécessité. Nous dormons tous et notre corps en a physiologiquement besoin, mais le repos est quelque chose de complètement différent.

Il s'agit de vous concentrer sur le ralentissement de vos rythmes, de laisser l'activité de votre corps et de votre esprit s'arrêter durant un moment. Il existe de nombreuses façons de s'accorder une petite pause, comme la méditation, la sieste, la rêverie et le simple fait de s'asseoir en silence. Dans le repos, vous n'êtes pas consciente du temps qui passe et vous n'avez pas de soucis. Donnez-vous simplement l'espace et la permission de reprendre votre souffle.

METTEZ CELA EN PRATIQUE

Le sommeil faisant partie du repos, commençons par cela. Pour le faciliter, regardez d'abord l'agencement de votre chambre. Souvent, vous y apportez beaucoup d'objets, comme des appareils ou des équipements pour pratiquer vos exercices physiques, alors que cet espace doit être consacré uniquement au sommeil et au repos. Regardez votre chambre, tout ce qui s'y trouve est-il exclusivement consacré au sommeil et au repos ?

Apportez, par exemple, des objets qui vous rappellent la paix et la tranquillité ! Il peut s'agir d'un magnifique coquillage que vous avez trouvé sur la plage, d'une photo prise dans la nature ou de quelques brins de romarin de votre jardin ou achetés au marché. Décorez la pièce de manière à ce qu'elle soit synonyme de tranquillité et de bien-être. Ainsi, au réveil, votre esprit sera bien reposé et prêt à commencer la journée.

Pour favoriser un meilleur sommeil, développez une routine qui prépare votre corps à se reposer durant la nuit. Ainsi, vous dormirez plus facilement et vous vous sentirez vraiment rajeunie au réveil.

Mais le repos ne consiste pas seulement à dormir, il s'agit aussi de prendre le temps de ralentir et d'avoir du recul. Il a été prouvé que le repos aide à consolider la mémoire (Tucker, et al., 2020). Mais pas uniquement ! Il vous donne un répit sans que vous deviez nécessairement dormir pendant huit heures.

Je vous mets au défi de vous réserver deux minutes par jour entièrement consacrées au repos. Ensuite, essayez d'en prendre au moins cinq. Trouvez un endroit calme et asseyez-vous, peut-être dans une chaise longue, dans un coin dans lequel vous lisez ou dans un hamac. Prenez quelques respirations profondes et profitez du moment présent.

Exercice créatif

Dessinez une image qui représente le repos à vos yeux, un lit douillet, un lever de soleil, un hamac. Trouvez quelque chose qui rappelle cette idée dans votre esprit. Gardez l'image à l'esprit afin de vous rappeler de prendre le temps, de vous détendre, et, dans votre vie, de vous arrêter et de profiter de moments de véritable repos.

Conclusion

Même si cela ne vous semble pas être le cas, il existe des moments de la journée que vous pouvez consacrer au repos. En plus de passer une bonne nuit de sommeil, essayez de trouver quelques minutes pour faire une pause. Laissez votre esprit et votre corps se détendre, tandis que vous appréciez et savourez cette relaxation. Vous constaterez que vous avez encore plus d'énergie pour faire les choses que vous aimez. Plus vous serez reposée et joyeuse, plus votre résilience sera grande.

Chapitre 6

Développer vos connaissances

> La connaissance a un début,
> mais pas de fin.
> — *Geeta Iyengar*

Qui a dit que l'apprentissage devait se faire uniquement à l'école ? Nous acquérons constamment de nouvelles compétences, même si nous n'en avons pas conscience. Sinon, comment pourrions-nous apprendre à surmonter des périodes difficiles, à changer d'emploi ou même à devenir des parents ?

Votre esprit est curieux par nature, alors sortez et cherchez des occasions d'apprendre de nouvelles choses. Lorsque vous apprenez quelque chose qui vous intéresse, vous ne faites pas qu'exercer votre cerveau, vous gagnez aussi en confiance en vous. Le savoir, c'est vraiment le pouvoir. Chaque fois que vous faites l'acquisition d'une nouvelle compétence ou connaissance, vous vous prouvez à vous-même votre capacité à apprendre.

Le développement de vos connaissances vous donne également l'occasion d'explorer des sujets que vous n'auriez peut-être jamais abordés auparavant. Et cela rend la vie encore plus belle !

Mettez cela en pratique

Faites une liste de trois sujets qui vous intéressent. Il peut s'agir de la Seconde Guerre mondiale, de la physique ou de la littérature anglaise, ou des animaux préhistoriques ou bien d'autres choses. Une fois que vous avez identifié les sujets, trouvez des occasions de les explorer davantage. Pouvez-vous trouver un livre sur ces sujets à la bibliothèque ? Existe-t-il un cours gratuit dans votre région ou en ligne ? Lire et apprendre ont tous deux un grand pouvoir. De plus, la lecture est un merveilleux moyen de pratiquer la pleine conscience.

....

....

....

Restez dans le présent, tout en vous plongeant dans ces sujets et en acquérant de nouvelles connaissances. Rien d'autre ne compte, seulement l'opportunité que vous vous donnez d'apprendre quelque chose de nouveau qui vous intéresse.

En outre, la lecture et la recherche d'informations augmentent les fonctions cognitives et renforcent la mémoire. Après avoir approfondi un sujet, trouvez d'autres personnes qui l'aiment autant que vous et rencontrez-les pour en parler.

Exercice créatif

Prenez une photo ou faites un dessin d'une bibliothèque montrant les titres des livres qui traitent de ce que vous avez choisi d'approfondir. Coloriez ce dessin et concentrez-vous sur la quantité de connaissances que vous pouvez encore acquérir. C'est un voyage sans fin et c'est ce qui est le plus enthousiasmant, car vous pouvez toujours en découvrir davantage.

Conclusion

L'apprentissage stimule notre cerveau et, en même temps, nous permet d'échapper aux pensées négatives. Parfois, nous nous concentrons tellement sur nos tâches quotidiennes que nous oublions de cultiver d'autres passions. C'est comme si notre cerveau fonctionnait en pilote automatique.

Mais en apprenant de nouvelles choses, vous pouvez élargir votre esprit et adopter une nouvelle perspective sur la vie. Chaque fois que vous maîtrisez de nouvelles connaissances, le monde qui vous entoure s'ouvre un peu plus.

Chapitre 7

Créez la confiance en soi

> Je dis que je suis belle. Je dis que je suis forte. Vous ne déciderez pas de mon histoire.
>
> — *Amy Schumer*

De nombreux problèmes émotionnels se résument à une seule chose… La confiance en soi, ou plutôt, son absence. Souvent, tout au long de notre vie, on nous dit qui, et comment nous devrions être. Nous essayons donc de comprendre comment marcher, parler et agir. Nous essayons de regarder les gens qui nous entourent et de nous intégrer autant que possible. C'est naturel, et tous les messages que nous recevons de l'extérieur nous disent que nous devons correspondre à un modèle.

Se maintenir en forme, ne pas transgresser les règles, être comme ceci ou comme cela, ne croire qu'en ceci ou cela, la liste est longue. Fréquemment, une grande partie de notre confiance en tant que femmes vient de notre apparence physique. Le monde observe tellement le corps des femmes, la façon dont il devrait être que cela nuit à notre estime de soi dans le cas où nous ne nous sentons pas à la hauteur de ces modèles.

Je vous encourage à commencer à développer votre estime de soi. N'attendez pas que les autres reconnaissent vos qualités. Comme toute autre chose, la confiance en soi vient de l'intérieur. C'est vous qui décidez de votre histoire, c'est vous qui décidez de ce que vous ressentez pour vous-même. Ne laissez pas quelqu'un d'autre vous dire combien de confiance en vous vous devez avoir.

Mettez cela en pratique

Mettez-vous devant un miroir en pied et regardez-vous. Dans votre journal, énumérez cinq aspects que vous n'aimez pas chez vous ou des traits de caractère qui vous donnent l'impression de ne pas être à la hauteur des normes imposées par la société. Ensuite, transformez ce que vous avez écrit en un élément positif.

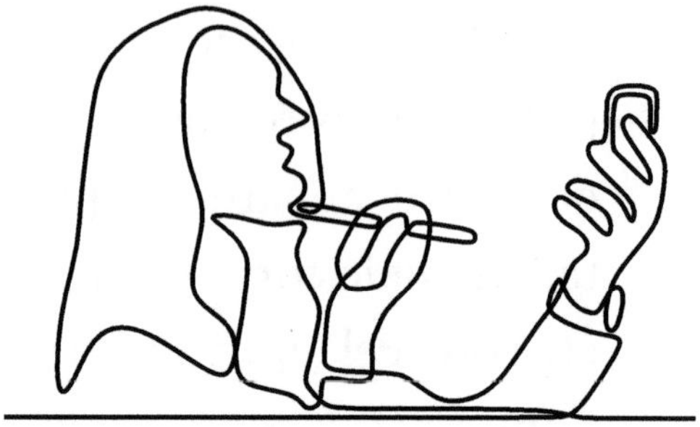

Par exemple, si vous n'aimez pas vos rides, réfléchissez à ce que ces lignes disent de vous. Elles disent peut-être à quel point vous aimez rire, être au soleil et profiter de la vie ? Si vous n'aimez pas vos jambes, pensez à toutes les choses qu'elles vous ont permis de réaliser tout au long de votre vie comme danser, faire de la randonnée, du vélo, patiner, marcher dans la nature.

Le but de cet exercice n'est pas de lister vos défauts, mais plutôt de travailler à changer, non pas votre corps, mais la façon dont vous le voyez, à identifier ce que vous n'aimez pas et apprendre à l'aimer. Apprécier son corps et l'accepter sont indispensables pour renforcer l'estime de soi.

Comment faire ? Vous pouvez remercier vos jambes avec un bon massage, ou bien appliquer des crèmes sur votre visage, en valorisant votre peau. Trouvez des moyens de montrer votre gratitude au lieu de vous concentrer sur les aspects négatifs. Renforcez votre résilience, car, lorsque vous aimez votre corps et appréciez ce que vous êtes vous êtes plus forte, à l'intérieur comme à l'extérieur.

Exercice créatif

Dessinez-vous en essayant de représenter votre caractère unique et les parties de votre corps qui racontent votre histoire. Les petites rides qui traversent vos joues montrent à quel point vous riez. Votre cicatrice de piercing au nombril montre votre fraîcheur et votre anticonformisme. Vous pourriez continuer, encore et encore. Votre corps est unique et vous décrit. Il n'est pas tout ce que vous êtes, mais il est une partie importante de vous et c'est pourquoi vous devez l'aimer et le respecter.

Conclusion

Soyez gentille avec vous-même ! Il est assez facile d'être un peu gentille avec nous-même concernant les aspects les moins visibles de notre apparence. Mais nous écoutons trop souvent les voix de la société et nous nous jugeons trop grosses, trop minces ou trop vieilles. Apprenez à accepter qui vous êtes et à apprécier votre corps, plutôt que vous concentrer sur ce qui vous manque.

Chapitre 8

Réfléchissez à vos progrès

> La vie est une énergie, une
> pure énergie créative.
>
> — *Julia Cameron*

Comment pouvons-nous constater nos progrès si nous ne nous arrêtons pas pour réfléchir à ce que nous avons fait ? Tout comme à l'école, nous recevons tout au long de notre vie des remarques et des commentaires sur nos devoirs et nos obligations, pour nous aider à comprendre comment nous nous débrouillons. Je ne dis pas que vous devez noter vos compétences et vos progrès, mais commencez à réfléchir à votre croissance personnelle et aux améliorations que vous avez réalisées.

L'accent ne doit pas être mis sur l'objectif, mais sur le voyage. Comme on le dit souvent, c'est le voyage qui compte alors qu'en général nous ne pensons qu'à atteindre la ligne d'arrivée. C'est alors que nous passons à côté de toutes les choses importantes au long de notre route.

Réfléchir à vos progrès est un moyen de vous concentrer sur les aspects positifs et de laisser les aspects négatifs passer au second plan. Cela revient à vous dire ceci... « Hé, regarde comme tu t'es améliorée ! », au lieu de « Tu t'es encore trompée ! »

Si vous essayez d'envisager la vie de cette manière, vous commencerez à mettre de côté certaines de vos peurs, par exemple, celle de ne pas être assez bonne en quelque chose, ou de ne pas pouvoir réaliser vos rêves. L'objectif est le progrès. Le rêve est de s'améliorer et de changer constamment. L'important est de s'améliorer et d'aller de l'avant.

Mettez cela en pratique

Avant d'aller dormir, sortez votre journal et commencez à coucher vos pensées sur le papier, en vous concentrant sur les progrès. Pensez à tous les domaines de votre vie, du travail à la famille et aux choses que vous avez apprises, aux améliorations que vous avez apportées au cours des dernières semaines. Vous avez peut-être commencé à exprimer vos pensées lors de réunions de travail ou vous vous êtes inscrite à un cours en ligne ou dans un groupe près de chez vous.

Même s'il s'agit de petites choses, comme le fait d'avoir découvert quelque chose de nouveau sur vous-même et de vouloir travailler cet aspect, c'est très bien. Notez-le. Montrez les progrès que vous faites et continuez à vous efforcer de devenir la meilleure version de vous-même.

....

....

....

EXERCICE CRÉATIF

Dessinez un lever de soleil ! Nous ne devrions pas seulement penser au soleil lorsqu'il est à son apogée, mais nous devons l'apprécier tout au long de son parcours, du lever aux couleurs rose vif au coucher aux couleurs orange. Il en va de même pour vous. Peu importe où vous en êtes dans votre parcours, l'important est que vous progressiez.

Conclusion

Le progrès est le véritable objectif. Toute personne, en faisant un effort chaque jour, peut s'améliorer et se rapprocher de ses objectifs. Mais n'oubliez pas que l'objectif — la ligne d'arrivée — n'a pas d'importance. Ce qui compte véritablement, c'est le voyage !

Troisième partie : Aimez votre vérité

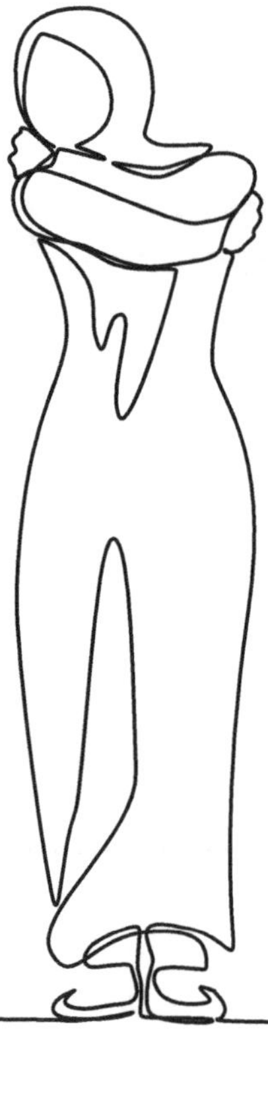

Chapitre 9

Gardez vos limites

> En grandissant, vous découvrirez que vous avez deux mains : l'une pour vous aider vous-même, l'autre pour aider les autres.
>
> — *Maya Angelou*

Les limites sont très importantes et il est étonnant de constater à quel point nous en parlons peu. J'ai grandi sans jamais rien apprendre des limites que nous devrions nous fixer et je me suis retrouvée à devoir les gérer plus tard, une fois devenue adulte. Il est essentiel de fixer des limites pour développer l'amour de soi et la résilience dans les moments moins heureux de notre existence.

Les limites servent à faire comprendre aux autres que vous ne leur permettez pas de vous traiter comme ils le souhaitent. Vous devez exprimer clairement ce dont vous avez besoin si vous attendez quelque chose de quelqu'un.

L'une des règles les plus importantes en matière de limites est la suivante : vous ne pouvez pas contrôler les actions des autres.

Vous ne pouvez contrôler que vous-même. Permettez-moi de le répéter, vous ne pouvez pas contrôler les actions des autres. Vous ne pouvez contrôler que ce que vous faites et dites. C'est un peu difficile à accepter, mais savoir cela vous rendra libre.

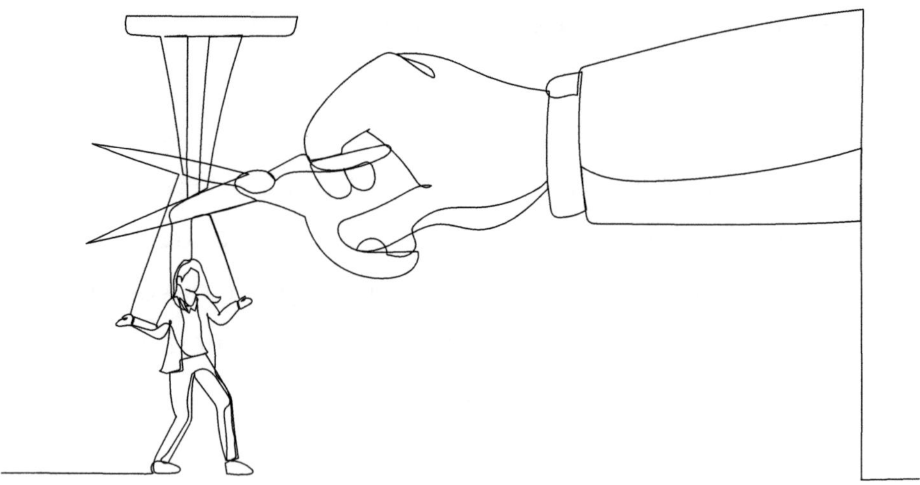

Lorsque vous comprenez vraiment que vous avez le contrôle sur vous-même, vous n'avez plus à vous soucier de ce que font les autres. Vous devez découvrir où sont vos propres limites et comment les construire et les protéger dans chaque situation.

Mettez cela en pratique

Pour savoir jusqu'où vous pouvez aller dans certaines situations, notez trois choses qui éveillent en vous des sentiments désagréables. Par exemple, votre sœur qui vous envoie un message à trois heures du matin en exigeant une réponse immédiate, ou peut-être votre voisin qui commence à tondre la pelouse à l'aube.

Faites une liste et commencez à réfléchir à la manière dont vous pouvez fixer une limite pour vous protéger. Dans le premier exemple, vous pouvez simplement mettre le téléphone en mode silencieux durant la nuit. Dans le second, vous pouvez suggérer une solution au problème en contactant le voisin.

Sachez que tout le monde ne réagira pas bien à ce nouveau comportement de votre part, mais les limites sont essentielles pour éviter que les gens vous marchent dessus. Il s'agit de se défendre, de se protéger de la douleur et de montrer aux autres que vous savez ce que vous voulez, que vous vous souciez de vous et que vous ne vous laissez pas abattre facilement !

Exercice créatif

Dessinez l'image d'une clôture et accrochez le dessin quelque part dans votre logement pour vous rappeler qu'il n'y a pas de mal à fixer des limites. Il ne s'agit pas d'égoïsme ou d'impolitesse envers les gens, mais simplement de dire… « Voilà ce dont j'ai besoin et je me soucie suffisamment de moi pour l'obtenir. » Vous serez étonnée de ce qui se passera !

Conclusion

Vous pouvez fixer des limites dans tous les domaines de votre vie. Je vous recommande d'explorer ce sujet pour mieux comprendre où vous avez besoin de mettre des limites et comment vous pouvez les renforcer. Plus vous en aurez, plus vous serez résiliente, car même s'il existera toujours des forces extérieures que vous ne pourrez pas contrôler, vous pourrez trouver la force en vous. Commencez à construire !

Chapitre 10

Toujours être prête

> Je suis un être humain libre avec une volonté indépendante.
>
> — *Charlotte Brontë*

Puisque nous ne pouvons pas contrôler ceux qui nous entourent, même si nous fixons des limites, les gens peuvent parfois nous faire du mal.

Outre le fait de développer l'estime de soi et de fixer des limites, vous devez également développer un sentiment de sécurité. Tout le monde a le droit de se sentir en sécurité, mais, malheureusement, les femmes sont souvent la cible de comportements abusifs. Si vous avez été maltraitée dans le passé, rappelez-vous que ce n'est pas votre faute. Rien de ce que vous avez fait n'a pu provoquer un tel comportement et personne ne devrait vous dire le contraire. L'abus était uniquement la faute de l'auteur.

L'un des moyens d'acquérir de l'autonomie et un sentiment de sécurité est d'être toujours préparée.

METTEZ CELA EN PRATIQUE

Peu de choses sont plus libératrices et rassurantes que d'avoir son autonomie et d'assurer sa propre sécurité. Inscrivez-vous à un cours d'autodéfense gratuit conçu spécialement pour les femmes. Achetez et apprenez à utiliser un spray au poivre, portez une lanière avec un sifflet si vous vous promenez la nuit. Plus vous développerez votre sentiment de sécurité, plus vous aurez confiance en vous.

Il s'agit d'une résilience dans un sens très tangible, qui vous aidera à croire en votre force et en votre capacité à prendre soin de vous.

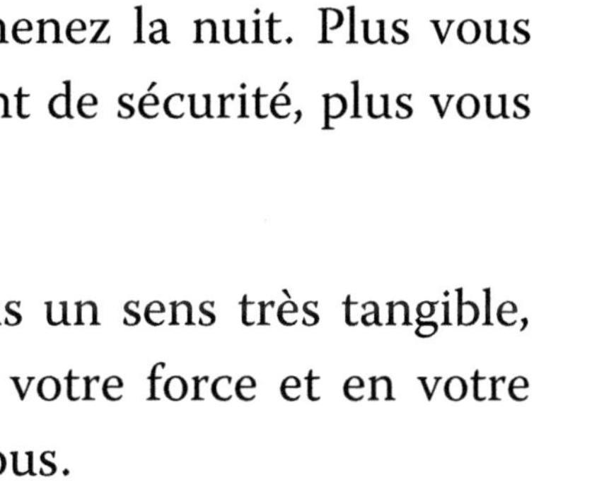

Exercice créatif

Dessinez un objet qui illustre votre force. Une fleur ? Un poing ? Un aigle ? Quoi qu'il en soit, ajoutez des couleurs qui représentent la force et vous donnent du courage. Cette image peut vous aider à vous rappeler à quel point vous êtes forte, à l'intérieur comme à l'extérieur.

Conclusion

Vous n'êtes pas une victime. Vous êtes une femme forte, indépendante, résiliente, avec une volonté qui vous est propre. Construisez votre autonomie par la préparation et la pratique.

Chapitre 11

Soyez votre propre partenaire d'entraînement

> Chaque enfant, quel que soit l'endroit où il vit, mérite d'avoir l'opportunité de développer la promesse qui est en lui.
>
> — *Michelle Obama*

Nous nous inventons souvent des excuses pour ne pas faire d'exercice. Faire de l'exercice est difficile et fatigant et il est facile de sauter une séance d'entraînement en se disant « je la ferai demain ». L'une des meilleures façons de rester motivée est de trouver un partenaire avec qui faire de l'exercice. Toutefois, cela n'est pas toujours possible.

Si vous attendez que quelqu'un vienne, vous risquez de ne jamais vous lever de votre canapé. L'exercice est si important pour votre bien-être, tant physique que mental, qu'il doit devenir une priorité. En vous aimant, vous prenez soin de vous, et cela passe aussi par tout exercice physique.

Vous pouvez devenir votre propre partenaire afin de vous entraîner comme vous le souhaitez !

Mettez cela en pratique

Tout d'abord, vous devez trouver une activité physique que vous aimez. Si vous ne savez pas par où commencer, vous pouvez en essayer plusieurs. Recherchez des séances d'entraînement gratuites. Il en existe différents types, du yoga au kickboxing en passant par la danse… vous êtes sûre de trouver quelque chose qui vous convient. Mais pour débuter, la marche est parfaite pour vous « remettre en route ».

Si vous voulez passer à la vitesse supérieure, vous pouvez commencer à suivre des cours dans un club ou dans une salle de sport. Essayez le yoga et la natation, ou peut-être un cours de hip-hop.

Une fois que vous avez trouvé l'activité physique qui vous plaît, il est temps de l'intégrer à votre vie quotidienne. Vous devez programmer cette activité comme vous le faites pour vos rendez-vous, vos réunions ou autres obligations. Il s'agit d'un élément indispensable de votre vie, qui ne peut être relégué au second plan. Suivez vos progrès en vous créant un journal afin de pouvoir vous réjouir de chaque étape importante.

Être son propre partenaire d'entraînement signifie prendre soin de soi et évoluer. Vous n'avez besoin de personne d'autre, car vous pouvez le faire vous-même !

EXERCICE CRÉATIF

Dessinez quelque chose qui représente le type d'activité que vous préférez. Un chausson de danse ? Un gant de boxe ? Des lunettes de natation ? Vous entraîner en faisant ce que vous aimez est le meilleur moyen de rester en forme, et vous trouverez certainement un moment dans la journée à consacrer au sport !

Conclusion

Tout comme les légumes, l'exercice est bon pour nous et nous pouvons le faire comme bon nous semble. Oubliez les vieilles méthodes qui nécessitent des heures de course ou de levage de poids. L'exercice peut prendre des formes différentes et amusantes. De cette façon, vous n'entraînerez pas seulement votre corps, mais aussi votre esprit et votre cœur.

Chapitre 12

Lâchez prise sur la négativité

> … un champion n'est pas défini par ses victoires, mais par la façon dont il récupère.
>
> — *Serena Williams*

La négativité peut s'accumuler. Si nous ne nous en occupons pas, elle sera bientôt la seule chose que nous verrons, lorsque nous nous regarderons dans le miroir. Le feu, par exemple, peut nous rappeler un accident d'enfance avec la cuisinière et pas un beau feu de joie, sur la plage, avec des amis. Si cette vieille cicatrice peut nous apprendre à prévenir la douleur, elle peut aussi nous entraver.

Allons-nous cesser de faire du vélo, simplement parce que nous sommes tombées une fois ? Allons-nous nous accrocher à une douleur au point de ne pas pouvoir vivre pleinement notre vie ? C'est comme cela que la négativité fonctionne.

Si vous vous concentrez uniquement sur les aspects négatifs, tels que le stress, la colère et la douleur, vous avez inévitablement l'impression que la vie est vide de beaux moments. En réalité, vous vous êtes seulement habituée à la regarder à travers une lentille négative. Mais ne vous inquiétez pas, si vous le voulez vraiment, vous pouvez changer de perspective. Ce sera un peu difficile au début, mais vous serez rapidement capable de chasser la négativité et de commencer à remarquer la beauté de la vie.

Mettez cela en pratique

Vous sentez-vous limitée par votre négativité ? N'êtes-vous pas aussi heureuse ou productive que vous pourriez l'être ? Essayez cet exercice : tous les soirs, pendant une semaine, notez tout ce que vous avez fait dans la journée, de la préparation du café à la vidange du lave-vaisselle. Oui ! Notez tout ! Faire cette liste sera peut-être un peu ennuyeux, mais ne vous inquiétez pas, il s'agit de rééduquer vos pensées le plus simplement possible.

Ensuite, commencez à souligner les points positifs. Vous avez probablement enfin terminé une tâche que vous aviez repoussée depuis longtemps, vous avez été patiente avec un collègue un peu trop dépendant, vous avez conduit votre fille à l'école à l'heure. Notez également les choses positives que vous pourriez trouver insignifiantes ! Vos yeux vont commencer à s'ouvrir sur les bonnes choses de la vie. Avec le temps, ces petits moments de gratitude compenseront les préjugés négatifs. Cela vous aidera à vous libérer de la négativité. Le fait d'être fière, même de petites réalisations, permet de cultiver la confiance en soi et la résilience et de repousser la négativité.

Exercice créatif

Dessinez une image qui symbolise le lâcher-prise. Peut-être vous, debout, qui décidez de laisser quelque chose tomber de vos mains, voire, de sortir de votre esprit ? De la peur ? De la négativité ? De la haine ? De la colère ? Gardez ce dessin à portée de main pour vous rappeler constamment de vous débarrasser des choses, ou des croyances et pensées, dont vous n'avez plus besoin.

Conclusion

Considérez la négativité comme un excès de poids qui vous maintient en mauvaise santé mentale et émotionnelle et vous empêche de trouver la vraie joie que vous méritez. Laissez-vous aller, regardez toujours à travers une lentille positive et soyez heureuse.

Quatrième partie : Aimez votre capacité à vous développer

Chapitre 13

Laissez-vous aller à la méditation

> Il n'y a pas de meilleur moment que celui-ci pour être heureux. Chaque moment est tout ce dont nous avons besoin, rien d'autre.
>
> — *Mère Teresa de Calcutta*

Cela peut vous sembler absurde, de prime abord, mais on peut aussi évoluer vers le meilleur en restant immobile et dans le moment présent. Garder l'esprit dans le présent permet de réduire le stress lié à la réflexion sur l'avenir. Dans cet état de présence où nous ne pensons à rien, imaginez le soulagement que vous ressentez !

Pendant quelques minutes par jour, nous pouvons simplement être en nous-mêmes et écouter notre respiration. Rien ne peut nous perturber, nous juger ou nous stresser. Il s'agit d'une méditation « active » et je vous mets au défi d'y consacrer un moment chaque jour. Ce sera un moment de sécurité, de chaleur et d'amour pour vous-même.

La méditation vous donne l'occasion de faire une pause dans votre vie pendant quelques minutes. Elle vous permet de vous rappeler que vous êtes humaine, que vous avez besoin de repos et que vous devez vous rappeler qui vous êtes en prenant un moment pour apprécier votre présence.

Donnez-vous la permission de vous offrir ce luxe. Respirez profondément et profitez de votre compagnie durant un moment. Laissez les pensées circuler dans votre esprit sans vous concentrer sur elles.

Mettez cela en pratique

Chez vous, consacrez un espace à la méditation. Il ne doit pas y avoir de distractions extérieures, juste vous et vos pensées. Faites-en un lieu sûr où vous pourrez vous retirer. Décorez-le comme vous souhaitez du moment que cela favorise la sérénité. Téléchargez une application de méditation guidée qui correspond à votre humeur ou à l'un de vos objectifs. Vous souhaitez peut-être réduire votre anxiété, évacuer la négativité et pratiquer la gratitude. Commencez par une séance d'une ou deux minutes, puis passez progressivement à des méditations plus longues.

Prendre le temps de méditer peut vous aider à faire le vide dans votre esprit et à vous concentrer sur le repos et la gratitude. Accordez-vous des moments de méditation et profitez de ses bienfaits.

Exercice créatif

Coloriez un mandala. Il s'agit d'un exercice de relaxation et de pleine conscience, et d'une méditation en soi. Les détails complexes du mandala vous permettront de vous concentrer et de vous détendre.

Conclusion

Vous avez certainement déjà entendu parler de tous les avantages de la méditation, mais il peut vous sembler difficile de l'inclure dans votre routine. N'oubliez pas que vous pouvez méditer partout et à tout moment. Bien que l'idéal soit de méditer dans un endroit précis et exclusif, ce n'est pas strictement nécessaire. Vous pouvez vous ménager des petits moments, même pendant votre travail, si vous en avez besoin. Ce seront des moments consacrés exclusivement à vous-même, durant lesquels vous pourrez bannir les soucis et les pensées négatives.

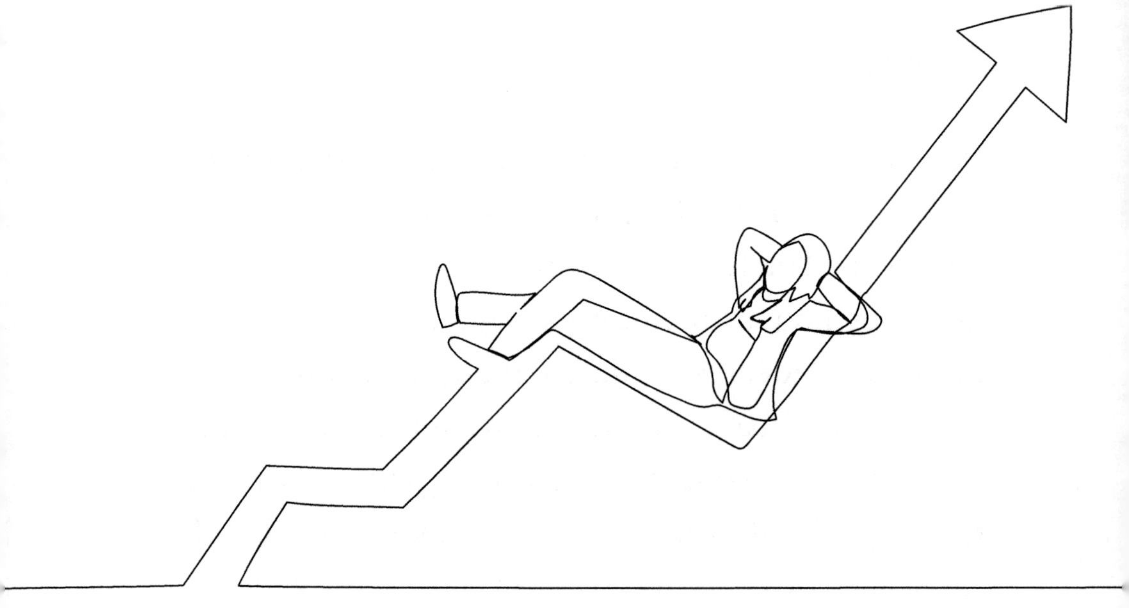

Chapitre 14

Cultivez votre coin vert

> La passion est le bois qui maintient
> le feu de l'objectif.
>
> — *Oprah Winfrey*

Se fondre dans la nature est un moyen de trouver la paix. Pendant votre temps libre, sortez et consacrez-vous à cultiver votre jardin. Cela devient à la fois un passe-temps et une pratique de pleine conscience. La nature nous rappelle l'importance de l'équilibre. Les choses meurent, mais ce qu'il en reste nourrit une nouvelle vie. Le calme revient toujours après la tempête.

Ce que j'aime dans la nature, c'est qu'elle me montre à quel point je suis petite au milieu du tableau.

Il y a bien plus dans la vie que nos problèmes quotidiens. Cela ne veut pas dire que les problèmes sont insignifiants, mais plutôt qu'il existe une vie, hors et au-delà d'eux. La nature peut vraiment vous aider à voir les choses sous un angle différent lorsque vous sentez que la négativité prend le dessus.

Mettez cela en pratique

Transformez une partie de votre jardin, ou de votre balcon, ou de votre salon, en un véritable petit coin de verdure. Ajoutez, ne serait-ce que quelques pots de fleurs, et changez complètement l'espace. La nature vous donnera une nouvelle perspective sur les choses. Cultivez un jardin et voyez comment il reflète vos progrès en tant que personne. Plus vous prenez soin d'une belle plante, (et de vous-même), plus elle s'épanouira, et vous en même temps !

Il a été démontré que le jardinage réduit l'anxiété, le stress et la dépression (ScienceDaily, 2022).

Il peut s'agir d'un moyen unique de méditer et de pratiquer la pleine conscience. Lorsque vous réfléchissez à l'aménagement de votre jardin, sélectionnez des plantes qui, non seulement, conviennent au climat, mais qui correspondent également aux caractéristiques que vous souhaitez imiter. Par exemple :

- Calla Lily : beauté
- Jacinthe bleue : constance
- Lierre : amitié
- Menthe : vertu
- Sauge : sagesse
- Tulipe : passion

Ensuite, observez comment votre jardin grandit, tout comme vous.

Exercice créatif

Coloriez l'image d'un jardin. Si vous ne trouvez pas un dessin qui vous convient, créez le vôtre. N'oubliez pas d'ajouter toutes les plantes et les fleurs auxquelles vous avez pensé, pour bien refléter votre croissance, au fur et à mesure de votre progression !

Conclusion

Le simple fait de passer du temps à l'extérieur est utile. Le jardinage vous donne l'occasion de vous salir les mains, de vous reconnecter avec la nature et de vous rappeler ce qui est important. C'est une activité méditative, relaxante et qui vous permet d'apprendre de nouvelles choses.

Chapitre 15

Mener le bon combat

> Il y a deux façons de diffuser la lumière : être la bougie ou le miroir qui la reflète.
>
> — *Edith Wharton*

Une fois que vous avez acquis la confiance en vous et la résilience, vous pouvez commencer à penser aux autres. Lorsque nous trouvons l'amour de nous-mêmes, nous réalisons que nous avons beaucoup à donner. En effet, nous sommes en permanence sollicitées pour des causes qui nous offrent la possibilité de nous impliquer.

Lorsque vous trouvez une activité qui vous tient à cœur et à laquelle vous pouvez consacrer du temps, vous avez le sentiment de faire partie d'une communauté et de quelque chose de plus grand. Cela peut contribuer à renforcer votre confiance en vous, car rien ne renforce l'estime de soi comme le fait de faire passer les autres en premier.

Mettez cela en pratique

Pensez aux causes qui vous passionnent, qu'il s'agisse des droits des femmes ou de l'aide aux personnes dans le besoin. Choisissez-en une qui vous représente, puis offrez votre temps et vos compétences à une association locale à but non lucratif dont le travail vous semble important. Vous pouvez aussi préparer chez vous un sac contenant des articles que vous pouvez donner à un sans-abri ou à une personne dans le besoin. Peut-être, tout simplement, une paire de chaussettes, quelque chose à manger et quelques bouteilles d'eau.

Le rendement de ces efforts est inestimable. Toutes ces actions sont l'occasion de vous consacrer à ceux qui vous entourent et de prendre soin d'eux. Vous ne le regretterez pas.

Exercice créatif

Coloriez l'image d'une main tendue vers quelqu'un. Grâce à ce dessin, vous pouvez vous rappeler que vous avez la force et les compétences nécessaires pour donner aux autres.

Conclusion

Nous avons toutes nos propres problèmes. Même si les vôtres méritent beaucoup de temps et d'attention, il y a d'autres personnes autour de vous. Renforcez votre confiance et votre résilience en aidant les autres chaque fois que vous le pouvez. N'oubliez pas que même un petit geste compte !

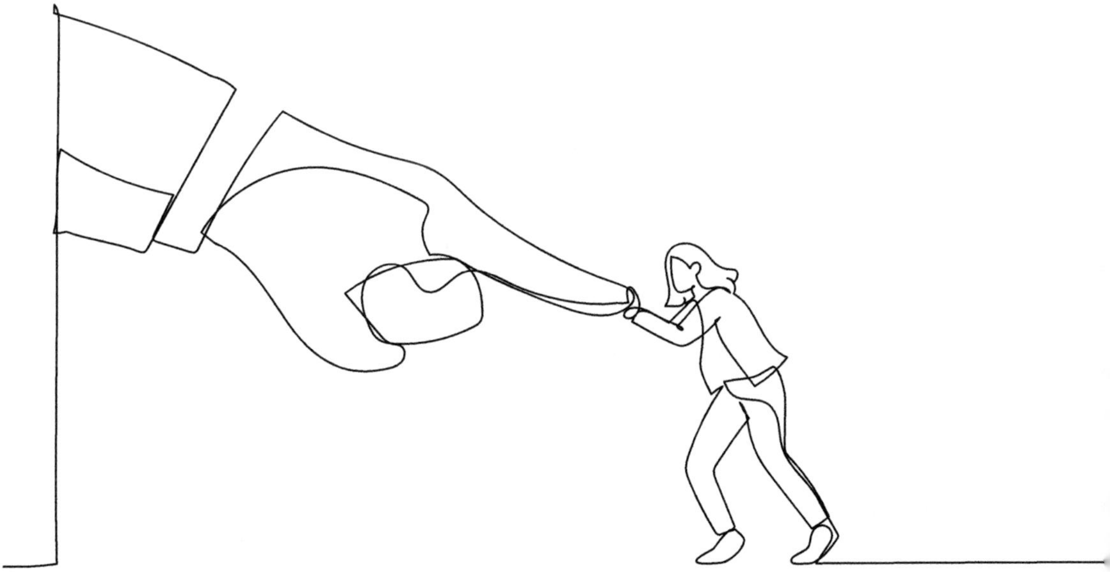

Chapitre 16

Soyez inspirée par les mots

> Elle devenait elle-même et chaque jour,
> elle mettait de côté ce moi fictif que nous
> considérons comme un vêtement avec
> lequel nous nous présentons
> devant le monde.
>
> — *Kate Chopin*

Les regrets peuvent influencer notre vie quotidienne. Nous pensons au passé, nous culpabilisons pour ce que nous avons fait ou dit, en étant convaincues que si nous avions fait quelque chose de différent, nous serions plus heureuses. Mais nous sommes dans le présent et il n'y a pas de retour en arrière possible. Tout ce que nous pouvons faire, c'est prendre des décisions et faire de notre mieux... aujourd'hui ! Nous pouvons également essayer de faire de meilleurs choix à l'avenir.

L'une des façons dont j'aime accompagner mes lecteurs est de les encourager à penser à leur futur moi afin de s'en inspirer plus tard. C'est un moyen de réfléchir au passé, de méditer sur le présent et de les aider à prendre de meilleures décisions à l'avenir. Nous ne pouvons pas changer le passé, mais nous pouvons réparer les choses dans le présent et travailler à un avenir encore meilleur. Il y a toujours de l'espoir pour demain.

Mettez cela en pratique

Écrivez une lettre à votre futur vous. Plus précisément, écrivez à la personne que vous serez dans dix ans.

Dans cette lettre, je vous invite à raconter tout ce que vous avez accompli jusqu'à présent, en mettant l'accent sur les aspects positifs, je vous encourage vivement à travailler dur à l'avenir afin de poursuivre dans cette voie.

Pensez à tout ce que vous avez enduré et n'oubliez pas d'être reconnaissante pour ce que vous avez vécu. Ensuite, écrivez ce que vous espérez transmettre au futur vous. Quels sont vos objectifs et vos rêves ? Exprimez ce que vous espérez réaliser, même dans vingt ou trente ans.

Cette lettre a pour but d'inspirer la personne que vous serez dans le futur à continuer à avancer, même lorsqu'elle rencontre des difficultés.

Exercice créatif

Faites le dessin d'un bureau et d'un outil d'écriture. Les mots sont puissants et avec eux, vous pouvez inspirer les autres et vous-même. Concentrez-vous sur ce pouvoir lorsque vous coloriez l'image. Gardez ce dessin à portée de main afin de vous rappeler le merveilleux pouvoir des mots qui nous incitent à faire des changements et à toujours être motivée.

Conclusion

Le pouvoir des mots est fort. Ils peuvent blesser ou aider. Ils peuvent même inspirer. Utilisez ce que vous avez appris de votre passé et de votre présent pour aider le futur vous. Les erreurs que vous avez commises appartiennent au passé et vous ne pouvez pas les changer. Mais il y a toujours l'espoir d'un avenir plus heureux et plus radieux. Et c'est l'une des meilleures choses de la vie.

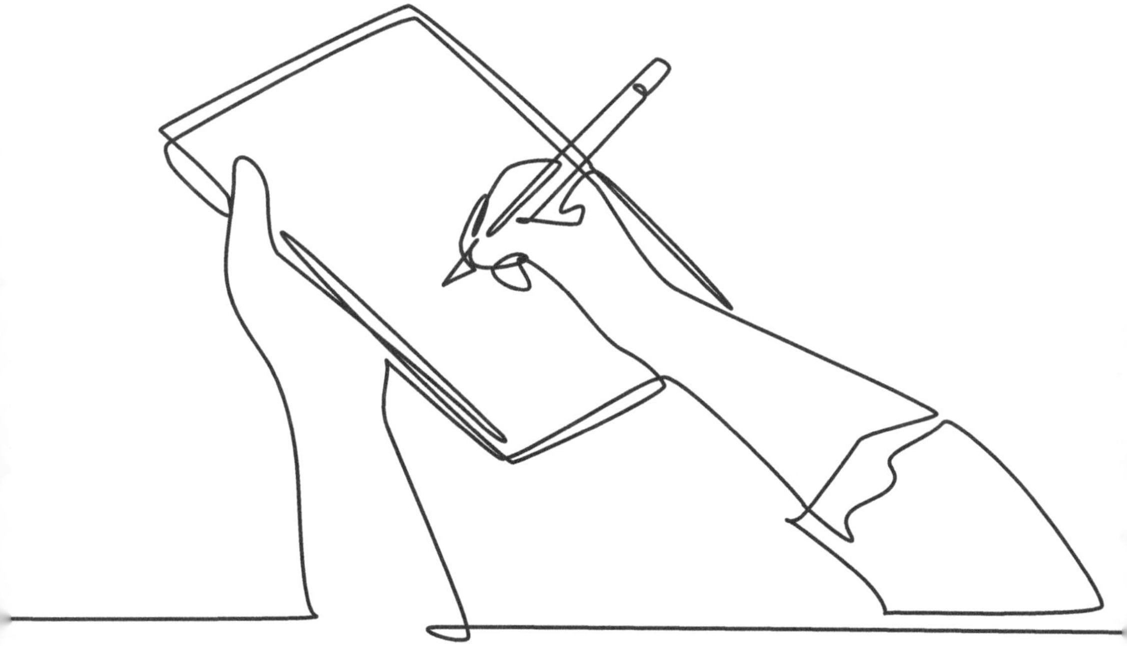

Cinquième partie : Aimez votre pouvoir

Chapitre 17

Soyez votre ancre

> Je n'ai pas peur des tempêtes parce que j'apprends à naviguer sur mon propre bateau.
>
> — *Louisa May Alcott*

Bien que la présence de personnes dans notre vie soit souvent un réconfort et une joie, nous devons également apprendre à nous suffire à nous-mêmes. Chacune d'entre nous a un parcours unique et nous devons être capables de rester fortes et centrées tout en avançant. Nous devons apprendre à nous appuyer sur nous-mêmes pour recevoir la force dont nous avons besoin pour surmonter toutes les difficultés.

Je sais qu'il est parfois plus facile de compter sur les autres dans les moments difficiles, mais vous devez commencer à vous considérer comme un véritable pilier. Votre force intérieure doit être un lieu de refuge.

La vie peut être remplie de tempêtes et nous devons être l'ancre qui nous maintient en sécurité lorsque le bateau commence à vaciller. Si nous pouvons compter sur les personnes qui nous aiment, nous devons aussi apprendre à ne dépendre que de nous-mêmes. Nous sommes nos alliées, nous sommes l'ancre de nos navires et nous pouvons trouver la stabilité et l'équilibre par nous-mêmes.

Mettez cela en pratique

Comme ce concept peut parfois sembler assez vague, vous pouvez créer une image ou utiliser un objet qui vous rappelle votre stabilité. Je vous recommande d'utiliser un bijou que vous portez tous les jours ou bien un petit objet que vous gardez sur vous en permanence.

Peut-être un collier avec un pendentif, une bague ou même un bracelet. Le choix n'a pas vraiment d'importance. Ce qui importe, c'est que vous devez l'avoir avec vous à tout moment, afin de pouvoir le toucher pour vous rappeler que vous êtes ancrée et équilibrée. Lorsque vous sentez qu'un orage émotionnel arrive, arrêtez-vous un instant et respirez profondément.

Ces bijoux ou ces petits objets vous aideront à réfléchir à vos prochaines étapes, plutôt que d'agir sans but.

Exercice créatif

Dessinez quelque chose qui représente la paix et la tranquillité. Gardez cette image avec vous, afin de pouvoir l'utiliser comme un autre moyen de vous ancrer. Utilisez des couleurs douces et relaxantes et rappelez-vous que vous pouvez trouver votre propre paix.

Conclusion

Nous pouvons échapper au chaos en ne comptant que sur nous-mêmes et trouver la force et la stabilité dont nous avons besoin pour affronter la vie quotidienne. Vous devez juste apprendre à être une ancre pour vous-même afin de pouvoir affronter n'importe quelle tempête.

Chapitre 18

Aimez votre allure

> Vous êtes toujours avec vous-même, alors vous feriez mieux d'apprécier votre propre compagnie.
>
> *—Diane von Fürstenberg*

Aimer qui vous êtes signifie apprécier votre personnalité, mais aussi accepter votre corps et votre apparence. Bien qu'il soit amusant d'essayer de nouveaux vêtements, de tester de nouveaux maquillages et d'expérimenter de nouveaux styles, une telle distraction risque de vous éloigner de vous-même et de vous coûter cher.

Pour vous aimer vraiment, vous devez apprendre à aimer ce que vous avez déjà. Pour le meilleur ou pour le pire, c'est ce que vous êtes. Cela vous aide également à vous concentrer sur vos points forts plutôt que sur ce que vous n'aimez pas chez vous. Cherchez le chemin de la gratitude plutôt que celui de la négativité.

Lorsque vous vous aimez et appréciez votre apparence et votre corps, tout le monde le remarque. L'estime de soi rayonne et exhale littéralement de vous, et vous rend encore plus belle.

METTEZ CELA EN PRATIQUE

Pour commencer à aimer son apparence, il faut se regarder sans masque. Prenez une photo sans maquillage pour commencer à apprécier votre beauté naturelle. N'oubliez pas que c'est vous qui décidez comment vous vous voyez et personne d'autre. Même si vous ne vous trouvez pas belle, vous pouvez toujours vous aimer et apprécier ce que vous avez. C'est vous, et vous êtes spéciale et unique.

EXERCICE CRÉATIF

Dessinez votre portrait tel que vous le voyez dans le miroir ou à partir d'une photo. Rappelez-vous que l'image que vous voyez fait partie de vous. Il ne s'agit pas d'une chose à haïr ou à craindre, mais à aimer.

Conclusion

Nous pouvons apprécier beaucoup de choses chez nous, mais nous, les femmes, oublions souvent de commencer par aimer notre apparence. Prenez le temps de vous regarder sans filtre et apprenez à affectionner ce que vous avez !

Chapitre 19

Listez vos points forts

> Restez fidèle à votre véritable
> nord : construisez votre grandeur
> sur le long terme.
>
> — *Ruth Porat*

Chacune d'entre vous a sa propre force en elle ; même si vous ne la voyez pas, elle est là, attendant… d'être reconnue et libérée. Le simple fait que vous soyez ici aujourd'hui montre votre grandeur. La vie est dure pour tout le monde. Mais lorsque vous avez la force de continuer, vous montrez votre caractère et votre résilience.

Trouvez vos points forts et n'oubliez pas qu'ils n'appartiennent qu'à vous. Il est très agréable de recevoir des compliments de la part d'autres personnes, mais vous devez également apprendre à reconnaître vous-même vos caractéristiques uniques. Cherchez-les, elles sont en vous, même si vous pensez que vous n'en avez pas.

De cette façon, vous regarderez la vie à travers une lentille positive, comme nous avons essayé de le voir

dans les chapitres précédents. Vous rechercherez des inspirations et de belles concrétisations lumineuses et vous apprendrez à les voir naturellement chaque jour.

Mettez cela en pratique

Au lieu de vous contenter d'énumérer vos qualités, construisez une sorte de CV qui n'a rien à voir avec vos qualifications professionnelles. Commencez par mettre en avant les points forts qui vous permettent de faire face à la vie. Imaginez que vous postulez à un emploi, en vous basant uniquement sur vos qualités et les côtés positifs de votre personnalité.

Si vous avez besoin d'aide ou d'inspiration, faites quelques tests de personnalité qui vous permettront de découvrir vos qualités. Ensuite, demandez à vos amis et à votre famille de vous indiquer, à leurs yeux, un trait de caractère qui est l'une de vos forces.

Relisez ce « CV » et vos notes chaque fois que vous sentez que votre confiance en vous commence à vaciller.

Exercice créatif

En utilisant des couleurs différentes, écrivez et illustrez cinq des points forts de votre CV. Dessinez-les comme vous le souhaitez et comme vous les imaginez. Les couleurs doivent vous rappeler la puissance, la force et la capacité.

Conclusion

Parfois, nous avons simplement besoin d'un coup de pouce pour aller de l'avant et nous rappeler que nous avons quelque chose de bon à offrir aux autres. N'attendez pas que les autres vous complimentent… Faites-le vous-même !

Chapitre 20

Donnez-vous plus d'espace

> Imaginez que vous vivez dans un espace qui ne contient que des choses qui vous apportent de la joie.
>
> —*Marie Kondo*

Au fur et à mesure que nous avançons dans la vie, nous commençons à construire et à accumuler des expériences et des objets autour de nous. Il peut s'agir d'éléments matériels, de personnes, d'événements sociaux ou d'obligations professionnelles. Ces choses s'accumulent et grossissent et, parfois, nous nous rendons compte que notre vie est tellement encombrée, que nous n'avons même plus la place de respirer.

Vous ne vous en rendez peut-être pas compte. Cependant, le stress et l'anxiété peuvent provenir de ce qui nous entoure, de ce qui nous pèse ou de ce qui nous prive de notre énergie. Ce que nous avons construit en dit long sur nous, et cela ne signifie pas que tout soit mauvais ou négatif.

Prenez le temps de réfléchir à ce que vous faites et à ce que vous pouvez enfin laisser tomber. Plus vous aurez d'espace dans votre vie, plus vous pourrez respirer facilement. Avoir un espace physique vous permet de commencer à vous aimer comme vous le méritez. Il vous donne le temps de réfléchir à vos forces et à vos dons et de retrouver l'énergie que vous pensiez avoir perdue. Ainsi, vous serez en mesure de créer une vie nouvelle avec plus de vigueur que jamais auparavant. Vous serez plus heureuse, plus forte et vous vous sentirez plus sûre et plus solide.

Mettez cela en pratique

Faites un grand ménage dans votre vie. Analysez un à un les objets qui vous entourent, mais aussi les engagements qui occupent vos journées. Ne gardez que ce qui vous apporte de la joie. Vous pouvez donner ce que vous avez en trop afin que cela puisse apporter de la joie à quelqu'un d'autre.

N'assistez qu'aux rencontres sociales qui vous apportent véritablement du bonheur. Cela vous aidera également à comprendre ce qui véhicule la tristesse, la colère ou la toxicité dans votre vie.

Laissez tomber les habitudes qui vous empêchent de progresser vers vos objectifs. Gardez une trace de votre « nettoyage », sur une feuille de papier afin de pouvoir suivre vos progrès.

Exercice créatif

Dressez une liste des tâches à accomplir dans votre vie. Gardez cette liste à portée de main et utilisez-la chaque fois que vous avez besoin de savoir et de comprendre de quelle tâche vous êtes en train de vous éloigner.

Conclusion

Utilisez l'espace que vous avez libéré pour le consacrer à des objets, des connaissances, des amis, des amants et des expériences plus lumineuses et plus fraîches.

Vous aurez probablement plus de temps pour être avec vos amis, aller à des rendez-vous artistiques et culturels, explorer votre spiritualité. Quoi qu'il en soit, vous pourrez enfin respirer, en ayant éloigné ce qui vous oppressait auparavant.

Conclusion

Une fois que nous avons trouvé notre résilience, nous devenons comme des arbres aux racines profondes. Les chocs violents de la vie ne nous font pas vaciller. Bien au contraire. Nous restons fermes durant les tempêtes et, une fois le calme revenu, nous sommes toujours là, plus résistantes et plus brillantes qu'auparavant.

La vraie résilience n'est pas l'absence de douleur ou de difficulté, de peur ou de colère. C'est la capacité d'endurer. Soyez votre propre ancre pour surmonter les moments difficiles. Cherchez toujours une issue pour retrouver l'équilibre et la stabilité. Vous aurez peut-être quelques cicatrices, mais plus jamais de plaies ouvertes.

La force, le pouvoir et la lumière que vous recherchez sont en vous. Vous avez tous les outils nécessaires pour renforcer votre résilience.

Vous pouvez développer cette précieuse qualité de bien différentes manières. Vous avez en vous toutes les capacités pour le faire. Alors :

- Aimez **votre générosité**
- Aimez **votre enthousiasme**
- Aimez **votre vérité**
- Aimez **votre capacité à vous développer**
- Aimez et appréciez **votre pouvoir**

Comme vous pouvez le constater, tous ces points ont en commun l'amour. L'amour est le point de départ. Lorsque vous prenez soin d'une plante, elle s'épanouit et il en va de même pour vous. Traitez-vous avec gentillesse, respect et reconnaissance. Faites preuve de compassion envers vous-même. Vous pouvez prendre soin de vous et vous pouvez rechercher vos points forts en cessant de vous concentrer sur vos points faibles.

C'est ainsi que vous vous épanouirez, un peu plus chaque jour, et que vous brillerez, davantage chaque jour. La force que vous trouvez en aimant chaque aspect de vous-même vous rendra plus résistante, plus forte. Les tempêtes vont probablement arriver, elles sont un élément de la vie, mais vous serez stable, prête à les affronter. Vous aurez le pouvoir de surmonter tout moment difficile, en devenant meilleure chaque jour.

Du contenu en prime

Nos cadeaux pour toi...

Abonne-toi à notre bulletin d'information et reçois ces documents gratuitement !

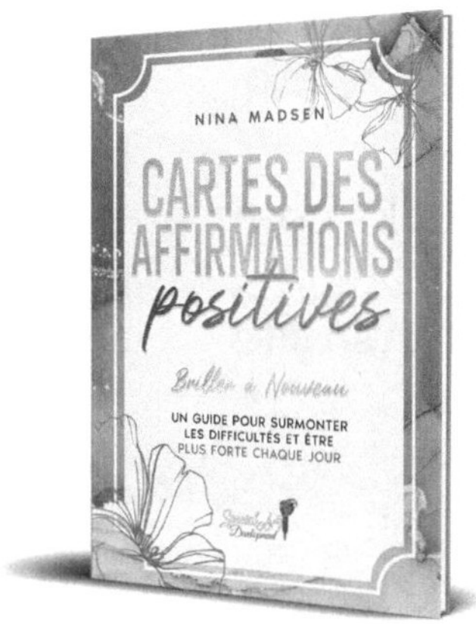

Scanne-moi.

www.specialartbooks.com/free-materials/

Suis-nous sur :

Instagram: @specialart_books
Groupe Facebook : Special Art
Site Web : www.specialartbooks.com

Impressum

Pour les questions, les réactions et les suggestions :

support@specialartbooks.com

Nina Madsen, Special Art

www.specialartbooks.com

Printed in France by Amazon
Brétigny-sur-Orge, FR

18718877R00067